JE PEUX FAIRE DES ENSEMBLES

Je peux faire CINQ

CHRISTINA EARLEY

Un livre de la collection
Les racines de Crabtree

CRABTREE
Publishing Company
www.crabtreebooks.com

Soutien de l'école à la maison pour les parents, les gardiens et les enseignants

Ce livre aide les enfants à se développer grâce à la pratique de la lecture. Voici quelques exemples de questions pour aider le lecteur ou la lectrice à développer ses capacités de compréhension. Les suggestions de réponses sont indiquées en rouge.

Avant la lecture

- De quoi ce livre parle-t-il?
  - *Je pense que ce livre parle de faire un ensemble de cinq.*
  - *Je pense que ce livre parle de faire des additions jusqu'à cinq.*

- Qu'est-ce que je veux apprendre sur ce sujet?
  - *Je veux apprendre comment additionner jusqu'à cinq.*
  - *Je veux apprendre différentes façons d'arriver à cinq.*

Pendant la lecture

- Je me demande pourquoi...
  - *Je me demande pourquoi un et quatre font cinq.*
  - *Je me demande pourquoi trois plus deux égale cinq.*

- Qu'est-ce que j'ai appris jusqu'à présent?
  - *J'ai appris que deux et trois font cinq.*
  - *J'ai appris que zéro plus cinq égale cinq.*

Après la lecture

- Nomme quelques détails que tu as retenus.
  - *J'ai appris que cinq et zéro font cinq.*
  - *J'ai appris que quatre plus un égale cinq.*

- Lis le livre à nouveau et cherche les mots de vocabulaire.
  - *Je vois le mot **plus** à la page 6 et le mot **égale** à la page 6. L'autre mot de vocabulaire se trouve à la page 14.*

$1+4=5$

$2+3=5$

$5+0=5$

$4+1=5$

Je peux additionner pour faire le chiffre cinq.

Un et quatre
font cinq.

1

+

4

Quatre **plus** un **égale** cinq.

4

+

1

Deux et trois
font cinq.

Trois plus deux
égale cinq.

Cinq et **zéro**
font cinq.

Zéro plus cinq
égale cinq.

Je peux faire cinq
à la ferme.

3 + 2 = 5

Liste de mots

Mots courants

à	font	pour
cinq	je	quatre
deux	la	trois
et	le	un
ferme	peux	

La boîte à mots

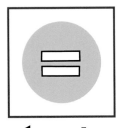

égale

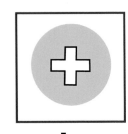

plus

zéro

45 mots

Je peux additionner pour faire le chiffre cinq.

Un et quatre font cinq.

Quatre **plus** un **égale** cinq.

Deux et trois font cinq.

Trois plus deux égale cinq.

Cinq et **zéro** font cinq.

Zéro plus cinq égale cinq.

Je peux faire cinq à la ferme.

CRABTREE
Publishing Company

Autrice : Christina Earley

Conception : Rhea Wallace

Développement de la série :
James Earley

Correctrice : Janine Deschenes

Conseils pédagogiques :
Marie Lemke M.Ed.

Traduction : Annie Evearts

Coordinatrice à l'impression :
Katherine Berti

Références photographiques :
Shutterstock : Irny_Shmihel : couverture,
p. 1; UfaBizphoto : p. 3; Bokeh_ photo
: p. 5 (haut); AnneRichard : p. 5 (bas);
Sam Ives : p. 7 (haut); smereka :
p. 7 (bas); Santirat Praeknokkaew
: p. 8 (huit); Irina Mur : p. 8 (bas);
humananduniverse : p. 9 (haut); Richie
Bednarski : p. 9 (bas); Top Lane Hanger
Photography : p. 10 (haut); ArtaZum : p.
10 (bas); Dean Fikar : p.11; TheOldhiro :
p. 13 (haut); Anna Ipatjeva : p. 13 (bas)

JE PEUX FAIRE DES ENSEMBLES

Je peux faire

CINQ

Crabtree Publishing Company

www.crabtreebooks.com   1-800-387-7650

Publié aux États-Unis
Crabtree Publishing
347 Fifth Avenue
Suite 1402-145
New York, NY, 10016

Publié au Canada
Crabtree Publishing
616 Welland Ave.
St. Catharines, Ontario
L2M 5V6

Imprimé au Canada/062021/CPC

Catalogage avant publication de Bibliothèque et Archives Canada

Titre: Je peux faire cinq / Christina Earley ; texte français d'Annie Evearts.
Autres titres: I can make five. Français. | Je peux faire 5
Noms: Earley, Christina, auteur.
Description: Mention de collection: Je peux faire des ensembles | Les racines de Crabtree | Traduction de : I can make five. | Comprend un index.
Identifiants: Canadiana (livre imprimé) 20210257660 | Canadiana (livre numérique) 20210257679 | ISBN 9781039604476 (couverture souple) | ISBN 9781039604537 (HTML) | ISBN 9781039604599 (EPUB) | ISBN 9781039604650 (livre numérique avec narration)
Vedettes-matière: RVM: Addition—Ouvrages pour la jeunesse. | RVM: Mathématiques—Ouvrages pour la jeunesse. | RVMGF: Documents pour la jeunesse.
Classification: LCC QA115 .E27314 2022 | CDD j513.2/11—dc23